图书在版编目（CIP）数据

燃烧吧！大脑.4岁+.第1辑.在书中迷路了 /（英）
乔安·迪尔登文；（英）马克·沃克绘；李艳译.-- 青
岛：青岛出版社, 2019.4
　　ISBN 978-7-5552-8063-7

Ⅰ.①燃… Ⅱ.①乔…②马…③李… Ⅲ.①智力游
戏—少年读物 Ⅳ.①G898.2

中国版本图书馆CIP数据核字(2019)第041428号

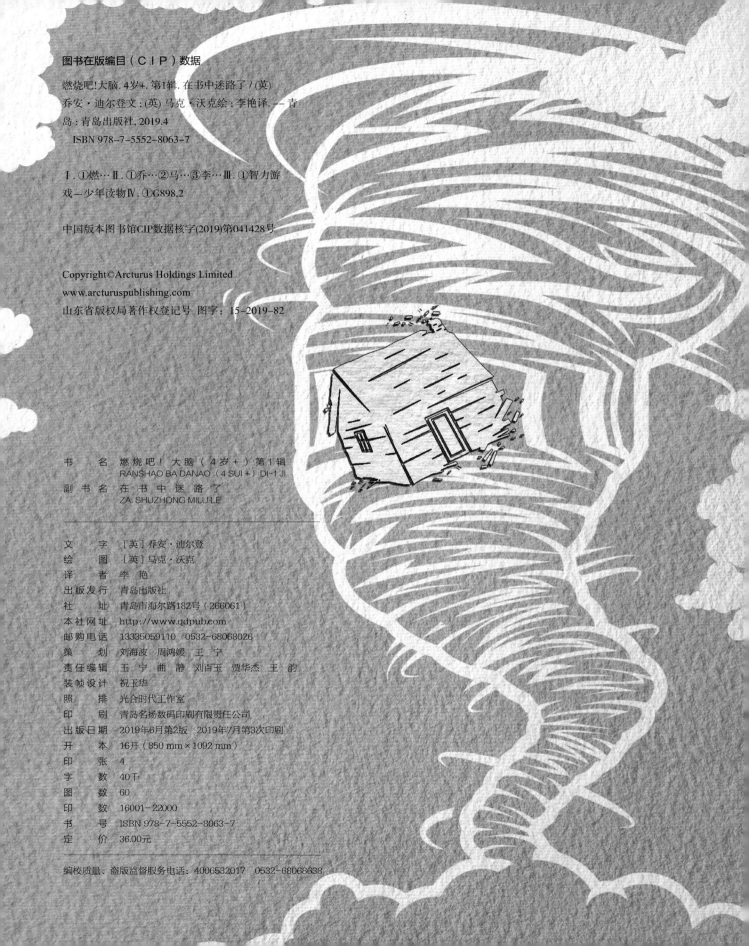

山东省版权局著作权登记号　图字：15-2019-82

书　　名　燃烧吧！大脑（4岁+）第1辑
　　　　　RANSHAO BA DANAO（4 SUI+）DI-1 JI
副书名　　在书中迷路了
　　　　　ZAI SHUZHONG MILU LE

文　　字　[英]乔安·迪尔登
绘　　图　[英]马克·沃克
译　　者　李 艳
出版发行　青岛出版社
社　　址　青岛市海尔路182号（266061）
本社网址　http://www.qdpub.com
邮购电话　13335059110　0532-68068026
策　　划　刘海波　周鸿媛　王 宁
责任编辑　王 宁　曲 静　刘百玉　贾华杰　王 韵
装帧设计　祝玉华
照　　排　光合时代工作室
印　　刷　青岛名扬数码印刷有限责任公司
出版日期　2019年6月第2版　2019年7月第3次印刷
开　　本　16开（850 mm×1092 mm）
印　　张　4
字　　数　40千
图　　数　60
印　　数　16001-22000
书　　号　ISBN 978-7-5552-8063-7
定　　价　36.00元

编校质量、盗版监督服务电话：4006532017　0532-68068638

开启
迷宫探险之旅

翻开这本书，进入一个个精彩的故事，与主人公一起走出迷宫吧。

每个迷宫都重现了经典小说或童话中的一个场景，例如詹姆斯·马修·巴里的《彼得·潘》、弗兰克·鲍姆的《绿野仙踪》和刘易斯·卡罗尔的《爱丽丝梦游仙境》等。这些脍炙人口的故事，对开发人们的想象力意义重大，其影响力已经远远超出了作者生活的时代。

走出迷宫后，何不重温经典，再读一读那些给了这本书灵感的故事呢？

在路上与故事中的角色相逢。

终点

起点

从起点走向终点。

起点

避开死胡同和有障碍物的路线。

告示牌

有些迷宫（例如第 6~7 页的《长发公主》）是竖向的，请把书旋转 90° 再作答。

如果遇到瓶颈，你可以在第 58~62 页寻找答案。

起点

爱丽丝梦游仙境

爱丽丝遇到一只会说话的兔子，她一路追着兔子走来，掉进了这个奇怪的兔子洞里。你能帮她找到那只会说话的兔子吗？

2

终点

3

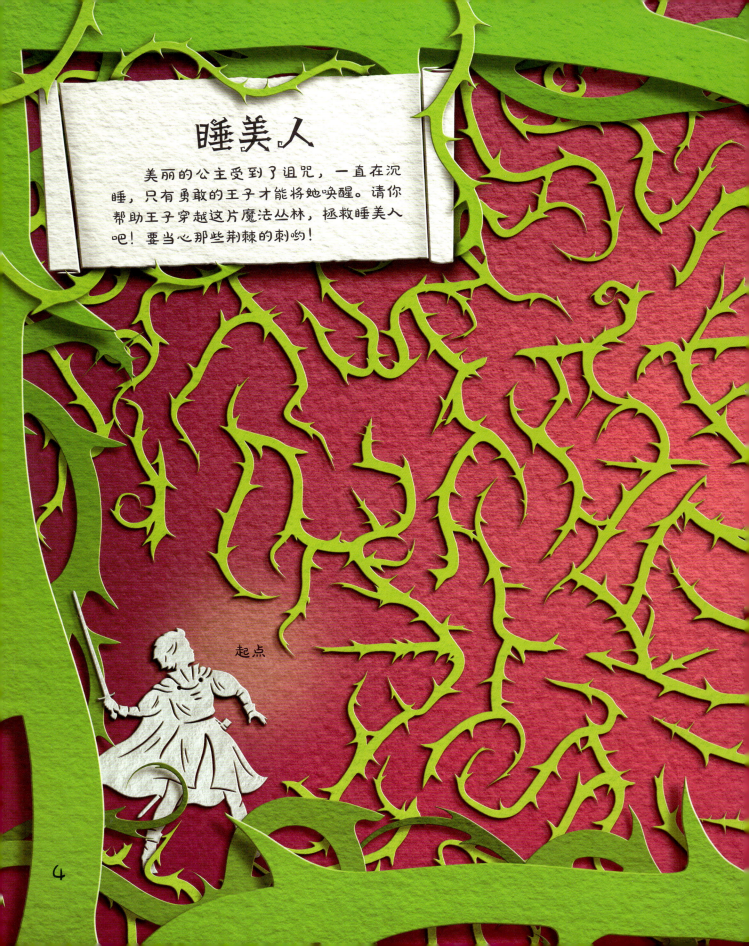

睡美人

美丽的公主受到了诅咒，一直在沉睡，只有勇敢的王子才能将她唤醒。请你帮助王子穿越这片魔法丛林，拯救睡美人吧！要当心那些荆棘的刺哟！

起点

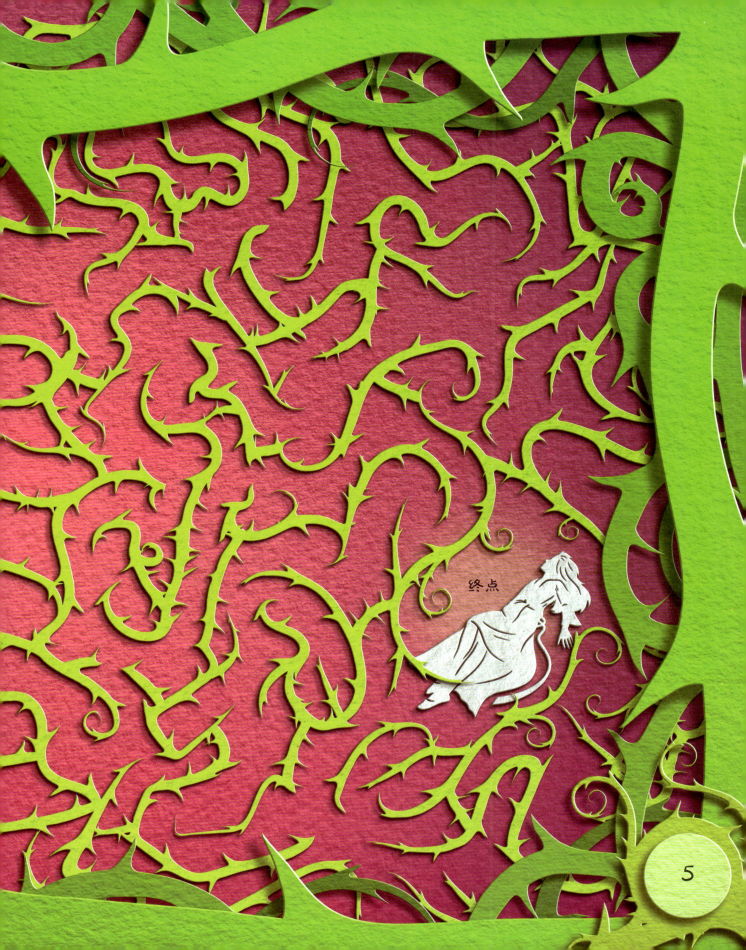

终点

长发公主

长发公主已经将她的金色长发散了下来，王子这顺着哪一束金发爬上塔顶，与公主相会呢？

金银岛

唱着古老的歌，高个子约翰·斯尔维尔、医生利维塞、乡绅特里劳尼和侍者吉姆扬帆起航了。请你指引他们的船"伊斯怕尼奥拉号"穿越海峡，抵达金银岛吧！

起点

终点

糖果屋历险记

韩赛尔和格雷特在森林里迷路了。你能帮助他们找到回家的路，顺便把沿途的鹅卵石收集起来吗？一定要小心，如果选错了路，你可能会走到女巫的小屋里去哟！

起点

终点

女巫的小屋

11

终点

海底两万里

尼摩船长要带他的"鹦鹉螺号"潜艇从海底返回海面，但是海里危机四伏，你能帮他找到返回海面的路吗？要小心那些巨型乌贼呀！

起点

13

杰克与魔豆

杰克想拿到巨人的魔法竖琴，但是他必须先爬上巨人的架子。请为他带路吧！

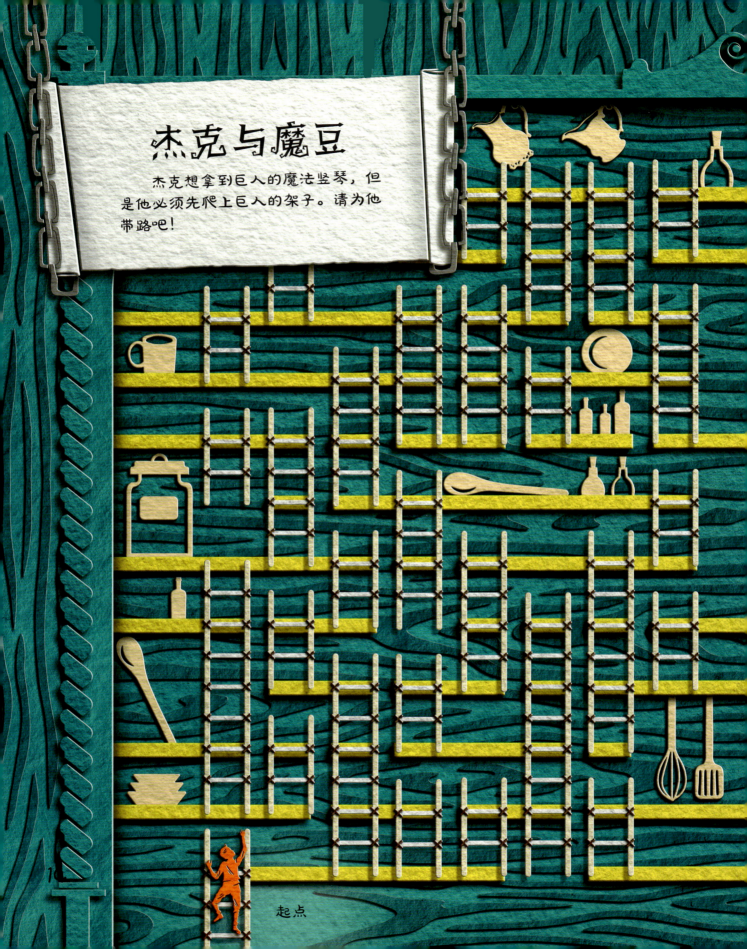

起点

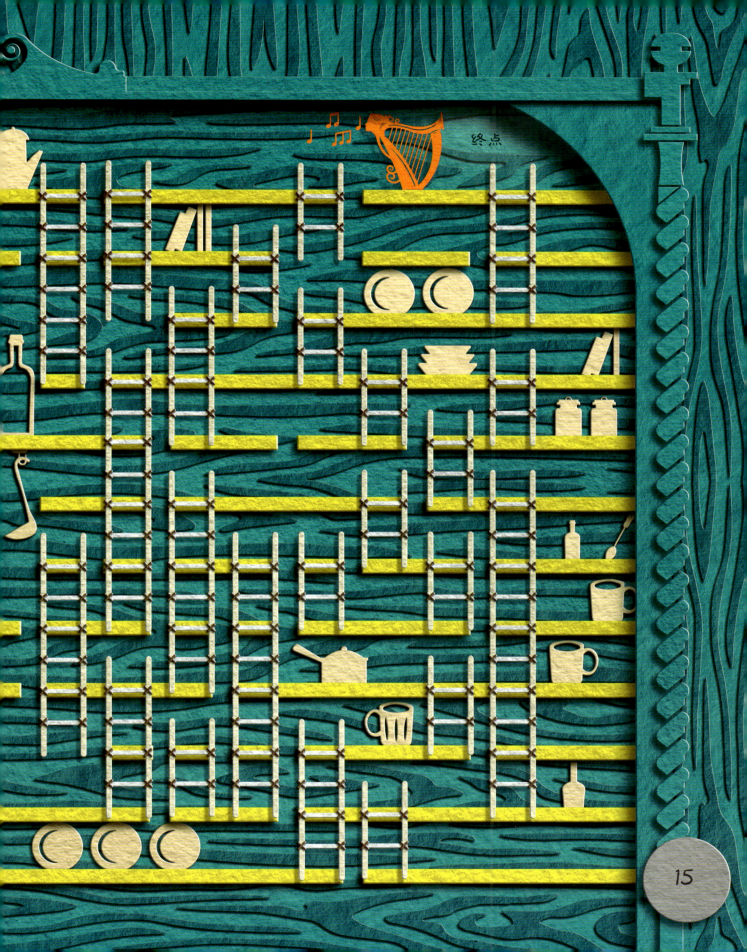

终点

绿野仙踪

一场龙卷风席卷了农场，将一幢房子吹上了天，桃乐西和她的小狗托托还在里面呢！赶紧都他们安全地转移到龙卷风之上吧，芒奇金人正在那儿等着他们呢。

终点

16

彼得·潘

"在第二颗星星那儿右转,然后一直走到天亮。"彼得和温迪正在飞越夜空前往梦幻岛,你来帮帮他们吧。记得途中跟彼得的朋友小叮当见个面哟!

起点

终点

小叮当

19

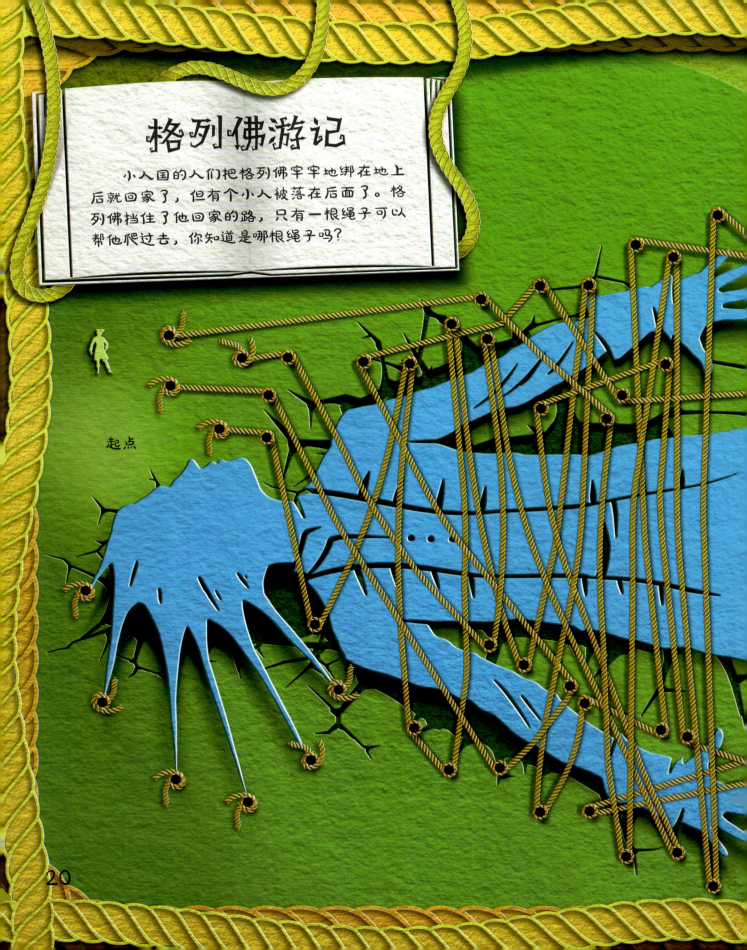

格列佛游记

小人国的人们把格列佛牢牢地绑在地上后就回家了，但有个小人被落在后面了。格列佛挡住了他回家的路，只有一根绳子可以帮他爬过去，你知道是哪根绳子吗？

起点

终点

21

灰姑娘

已经是午夜了，舞会结束了，灰姑娘也消失得无影无踪了。你能帮助王子找到灰姑娘吗？记得捡起路上的那只水晶鞋哟！

起点

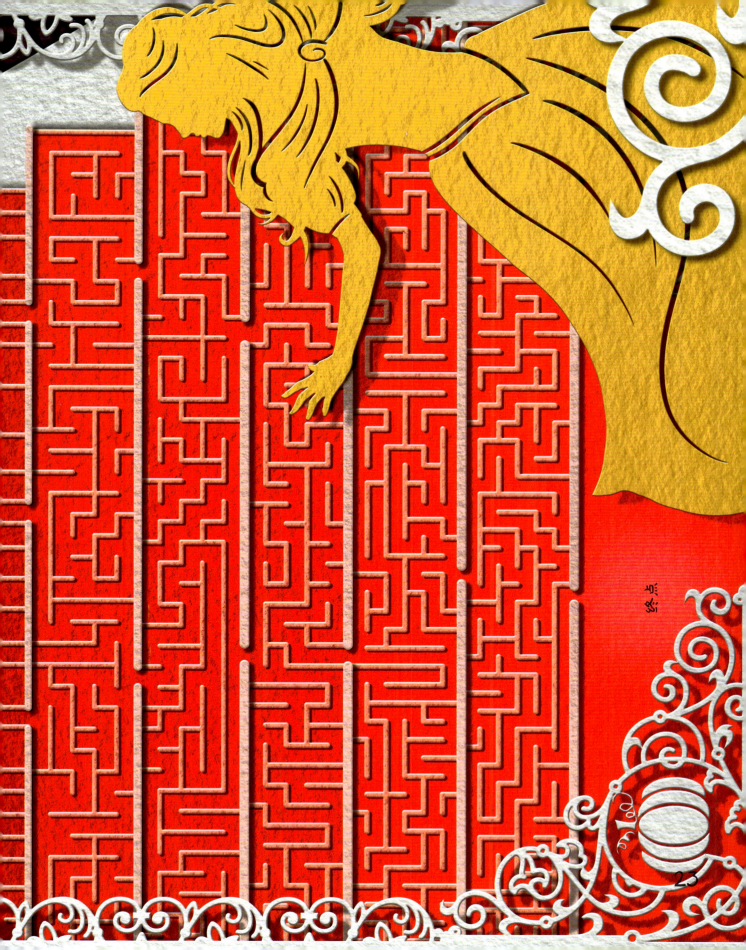

小红帽

小红帽要穿过森林，去看望外婆，帮她选一条安全的路吧。一定要躲开那只大灰狼啊！

起点

终点

汤姆·索亚历险记

帮助汤姆和他的朋友哈克贝利·费恩找到那箱藏在麦克杜格尔山洞里的金币吧，要小心那具骷髅！

终点

起点

秘密花园

"如果拥有发现美的眼睛，那么整个世界都是花园。"带玛丽到秘密花园的空地上去吧，她的朋友迪肯在那儿等着她呢。

起点

28

终点

木偶奇遇记

匹诺曹和盖比特被一条可怕的鲨鱼吞进了肚子里！快来帮他们找出一条路，从鲨鱼的大嘴里逃出去吧！

终点

冰雪女王

格尔达必须穿越雪花迷宫，前往冰雪女王的宫殿，因为她的朋友凯被关在那里。你能帮她指指路吗？

终点

32

起点

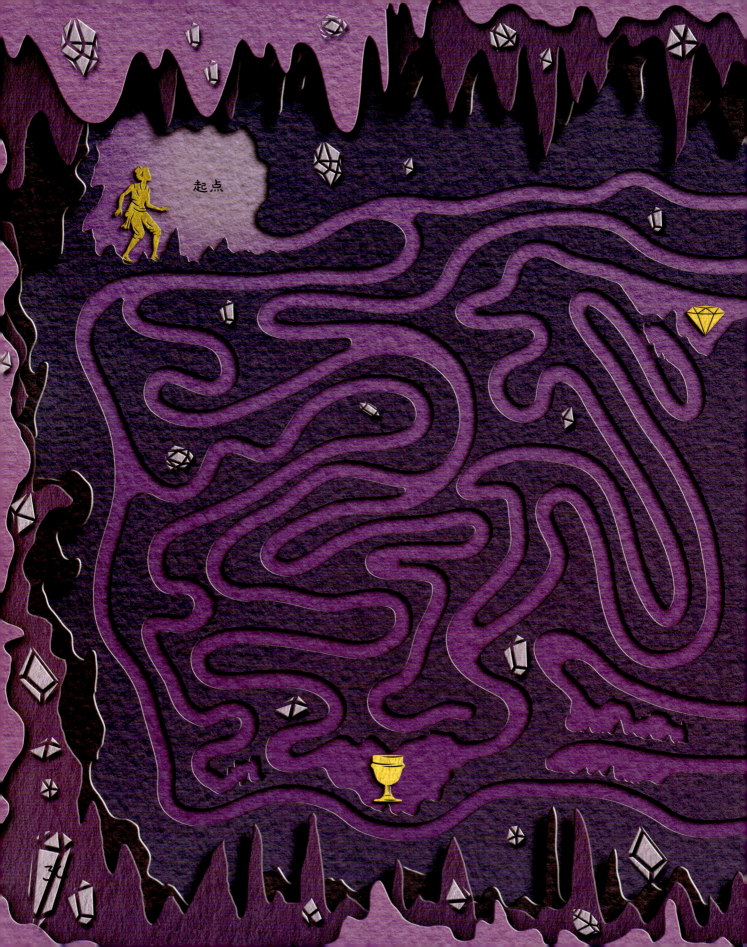

起点

阿拉丁与神灯

帮助阿拉丁找到藏在秘密山洞中的神灯吧。记得沿路集齐三个宝物哟!

终点

罗宾汉

罗宾汉想赢得金箭奖，并向诺丁汉的郡长证明他才是世上最棒的射手。他的箭应该沿着哪条路线射出，才能命中靶心呢？

起点

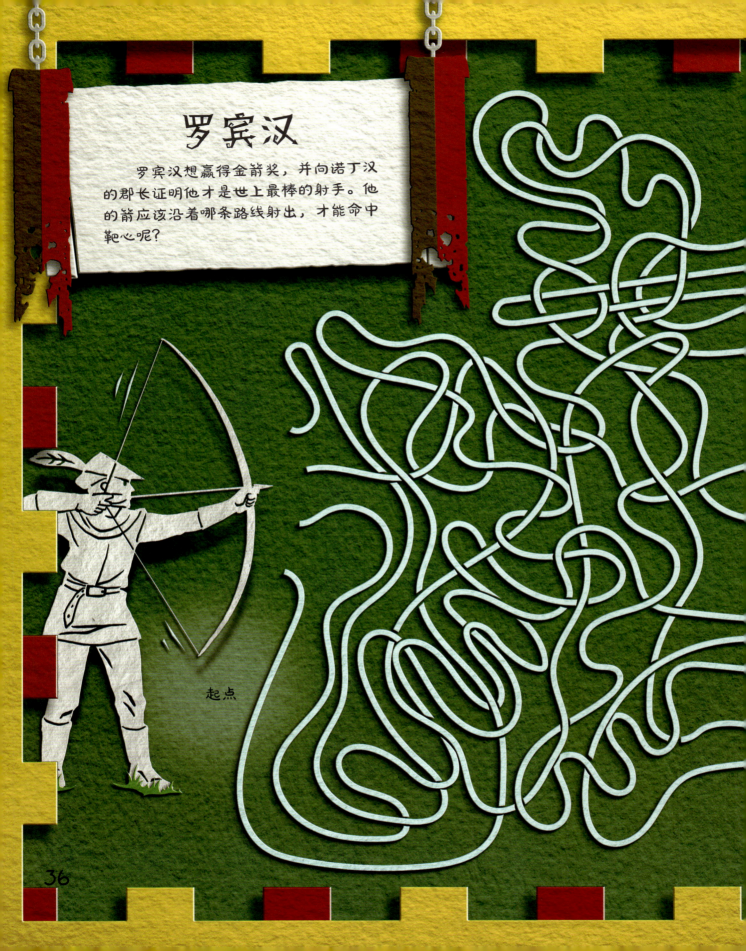

海的女儿

王子溺水了，焦急的美人鱼要穿越层层大浪去救他。快告诉她该怎么走吧。

起点

39

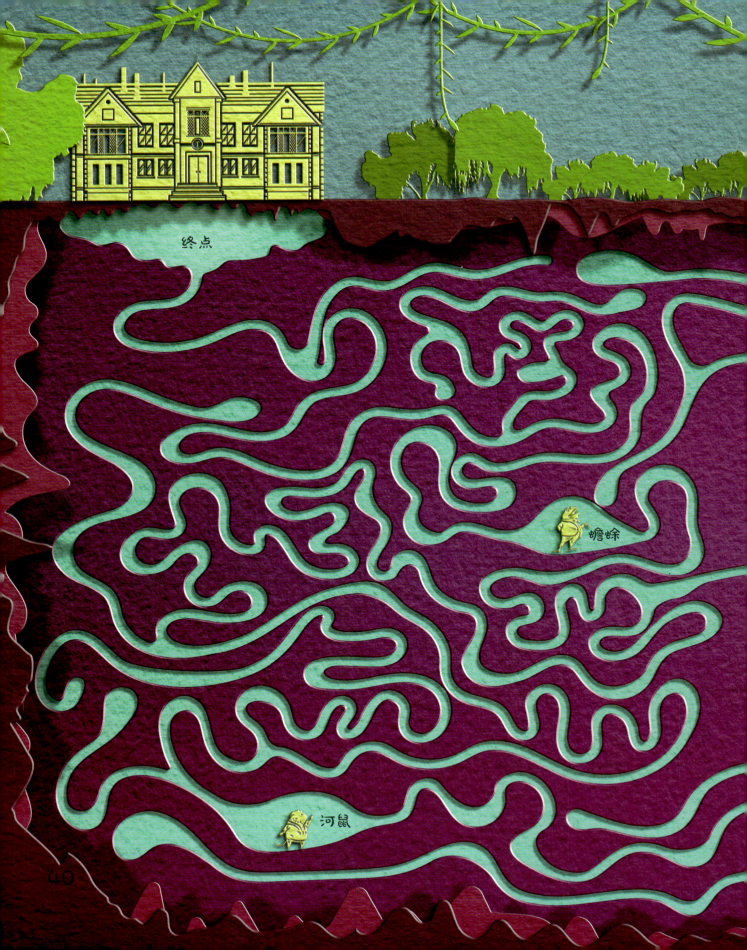

终点

蟾蜍

河鼠

40

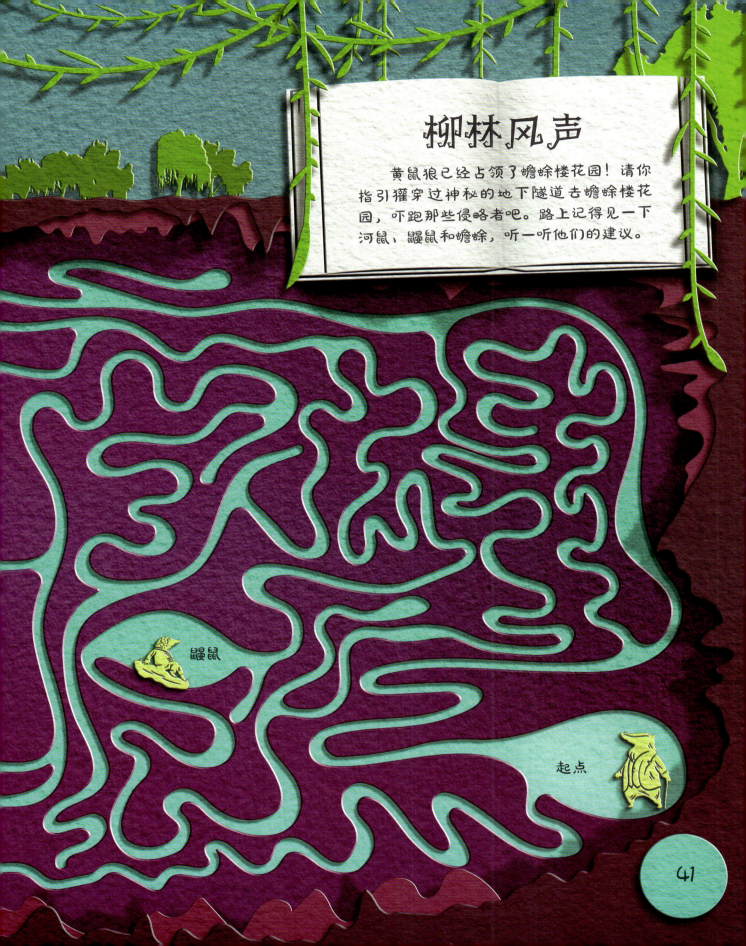

柳林风声

黄鼠狼已经占领了蟾蜍楼花园！请你指引獾穿过神秘的地下隧道去蟾蜍楼花园，吓跑那些侵略者吧。路上记得见一下河鼠、鼹鼠和蟾蜍，听一听他们的建议。

鼹鼠

起点

41

奇幻森林

毛克利被猴子抓走了！请帮助棕熊巴鲁找到毛克利并带他逃出废弃的神庙吧。记住，一定要避开路上那些猴子！

终点

起点

毛克利

爱丽丝梦游仙境

　　穿过兔子洞后，爱丽丝的身体缩小了！她必须游过自己的泪水汇成的水池才能到达干燥的地面。帮帮小爱丽丝吧，别忘了救起那只老鼠哟！

起点

终点

45

阿拉丁与神灯

阿拉丁拿起神灯，灯怪被放出来了！只有一缕青烟将神灯与灯怪连在一起，你能找出来吗？

终点

起点

起点

杰克与魔豆

"哐-哐-哐!" 巨人正沿着豆茎追赶杰克,赶紧给杰克指一条能让他安全回家的路吧!

48

起点

海的女儿

美人鱼想要来到陆地，必须先穿越海草找到女巫，请女巫将自己的鱼尾变成人类的腿。你能帮美人鱼找到女巫吗？

终点

绿野仙踪

　　帮助桃乐西和她的小狗托托沿着黄砖路走到翡翠城吧。她还要在路上见见她的朋友稻草人、铁皮人和胆小的狮子哟!

铁皮人

起点

稻草人

52

终点

胆小的狮子

53

金银岛

"哟嗬嗬，再来一瓶朗姆酒！"船员们已整装待发，用这张地图帮助吉姆·霍金斯找到弗林特船长的宝藏吧。千万要躲开高个子约翰·斯尔维尔和他的海盗们！

起点

终点

奇幻森林

老虎希瑞·坎非常怕火。你能帮助毛克利找到被困在火海里的希瑞·坎吗?

起点

参考答案

第2~3页

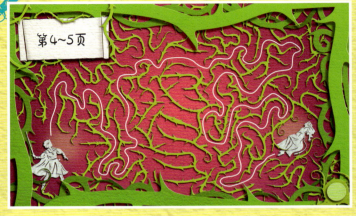

第4~5页

第6~7页

第8~9页

第10~11页

第12~13页

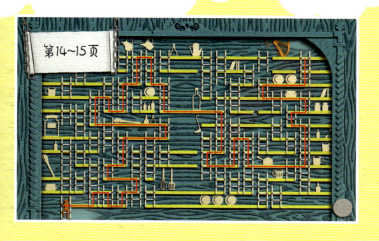

第14~15页

第16~17页

第18~19页

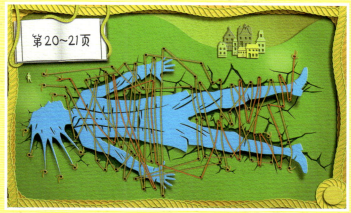

第20~21页

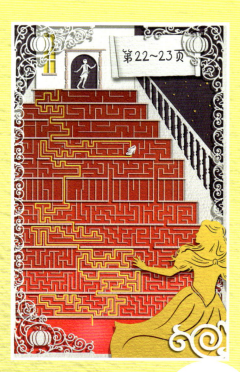

第22~23页

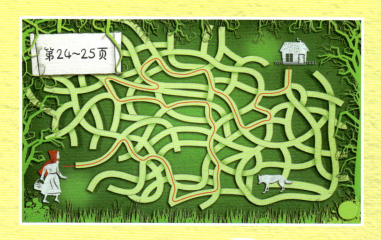

第24~25页

第26~27页

第28~29页

第30~31页

第32~33页

第34~35页

第36~37页

第38~39页

第40~41页

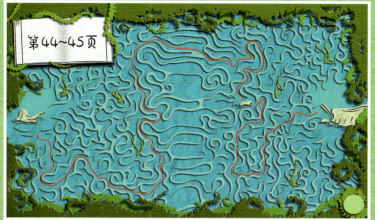

第44~45页

第42~43页

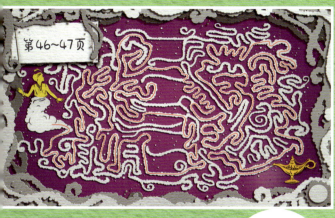

第46~47页

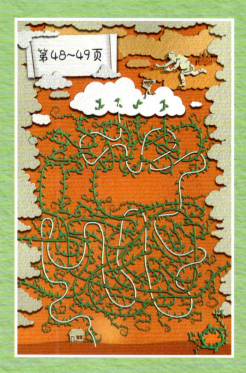

第48~49页

第50~51页

第52~53页

第54~55页

第56~57页